Coleção Dramaturgia

MATÉI
VISNIEC

Biblioteca teatral

Impresso no Brasil, julho de 2012

Título original: *Trois Nuits avec Madox*
Copyright © Lansman Editeur

Os direitos desta edição pertencem a
É Realizações Editora, Livraria e Distribuidora Ltda.
Caixa Postal: 45321 · 04010 970 · São Paulo SP
Telefax: (5511) 5572 5363
e@erealizacoes.com.br · www.erealizacoes.com.br

Editor
Edson Manoel de Oliveira Filho

Gerente editorial
Gabriela Trevisan

Preparação de texto
Marcio Honorio de Godoy

Revisão
Danielle Mendes Sales e Liliana Cruz

Capa e projeto gráfico
Mauricio Nisi Gonçalves / Estúdio É

Pré-impressão e impressão
Gráfica Vida & Consciência

Reservados todos os direitos desta obra. Proibida toda e qualquer reprodução desta edição por qualquer meio ou forma, seja ela eletrônica ou mecânica, fotocópia, gravação ou qualquer outro meio de reprodução, sem permissão expressa do editor.

TRÊS NOITES COM *Madox*

MATÉI Visniec

TRADUÇÃO: ROBERTO MALLET

AS PERSONAGENS

BRUNO, dono de bar

GRUBI, vigia do farol

CÉSAR, motorista de táxi

CLARA, antiga "prostituta" de um prostíbulo

NJIAMI, lixeiro

Uma leitura de *Três Noites com Madox*, dirigida por Alain Vérane, foi apresentada pela Companhia Guichet Montparnasse no Centro Cultural de Sarlat, em 20 de maio de 1994.

Criação radiofônica desta peça pela France Culture, em 29 de janeiro de 1995. Realização: Claude Roland Manuel.

Um bar-pensão de província, em algum lugar à beira do mar. Um balcão. Uma mesa de bilhar. Mesas e cadeiras. Uma escada que leva ao andar superior. Um mancebo... Sobre o balcão, um velho aparelho de rádio chia docemente. Chove no exterior. Ouvem-se o ruído das ondas, a chuva, pios de gaivota, a sirene de um navio. Bruno, debruçado sobre a mesa de bilhar, está estudando uma tacada. Golpeia uma bola no momento em que a porta se abre.

BRUNO (*para si mesmo*): Merda!

(*A bola rola e bate em outras bolas. Grubi entra.*)

GRUBI: Olá.

BRUNO: Olá.

(*Grubi tira sua capa de chuva.*)

GRUBI: Que tempo horrível!

BRUNO (*sem lhe dar muita atenção*): Hum? (*Nova tacada. As bolas rolam.*) Tudo bem?

GRUBI (*assoando-se ruidosamente*): Não, tudo mal. (*Esfrega as mãos.*) E você? (*Enxuga a face com uma toalha de rosto.*) Está jogando sozinho?

BRUNO: Estava estudando uma tacada. (*Silêncio. Nova tacada.*) Continua a chuvarada?

GRUBI: Estou todo molhado. (*Sacode o chapéu e a capa de chuva.*) Não se fazem mais capas de chuva como antigamente... E mais, esses sem-vergonha vendem essas coisas furadas.

BRUNO: Vai beber o quê?

GRUBI: Pfff... Não sei.

BRUNO (*servindo dois copos*)**:** Você é meu convidado.

GRUBI: O quê?

BRUNO: É por conta da casa.

GRUBI: Ganhou na loto, ou o quê?

BRUNO: Êh, não fode!

(*Pausa. Os dois homens bebem em silêncio. Distraído, Bruno olha pela janela.*)

GRUBI: O que é que há?

BRUNO: Nada.

GRUBI: A hérnia está incomodando?

BRUNO: Não.

GRUBI: Então você está olhando o quê?

BRUNO: A chuva.

GRUBI: A chuva?

BRUNO: Você não notou nada?

GRUBI: Não.

BRUNO: Sente aí.

(*Grubi senta-se lentamente, subjugado.*)

GRUBI: E o que é que eu deveria ter notado?

BRUNO: Não notou que, já faz alguns anos, chove somente aos domingos?

GRUBI: Ah é!?

BRUNO: Não é uma piada. Pode ter certeza.

GRUBI: De onde você tirou isso?

BRUNO: É verdade.

GRUBI (*depois de ter refletido*): Hum, talvez tenha razão.

(*Bruno enche novamente os copos. Eles bebem.*)

BRUNO (*depois de estalar a língua*): Essa chuva me deixa doente. Me dá náusea.

GRUBI (*também olhando pela janela, como se acabasse de descobrir a chuva*): É porque você é um meteodependente...

BRUNO: Sou um meteo... o quê?!

GRUBI: É assim que se diz. Meteodependente! Você tem é que fechar o barraco ao meio-dia e tirar uma soneca.

BRUNO: Um café fechado ao meio-dia não é um café.

GRUBI: Pfff...

BRUNO: De qualquer maneira, não consigo dormir quando está chovendo.

GRUBI: Eu também não.

BRUNO: Mentiroso! Todo mundo sabe que, à noite, você se tranca no seu farol e tira uma soneca!

GRUBI: Eu?

BRUNO: É...

GRUBI: Quem lhe disse isso?

BRUNO: Todo mundo sabe.

GRUBI: Merda! E como é que ele pode saber, o mundo?

BRUNO: O mundo sabe tudo.

GRUBI: Não, não é verdade. Há alguns anos, eu pegava no sono logo que me deitava. Agora, não consigo mais pegar no sono. E não durmo mais... simplesmente porque não consigo mais pegar no sono...

BRUNO: Mas pelo menos você confessa que conseguia dormir?

GRUBI: Você está um saco, hoje.

BRUNO: Eu?

GRUBI: Você não está muito bem... hoje?

BRUNO: Não, não estou.

GRUBI: Escute... O que é que você tem?

BRUNO: Bom, é, é isso... não estou muito bem hoje. Estou cansado.

GRUBI: Esteve jogando com quem?

BRUNO: Apareceu um cliente...

GRUBI: Um tipo assim... o rosto comprido?

BRUNO: É.

GRUBI: Com uma camisa sem colarinho?

BRUNO: É.

GRUBI: Então ele está morando aqui.

BRUNO: É.

GRUBI: Chegou há três dias, não é?

BRUNO: É.

GRUBI: Bem que eu desconfiei... Suspeitei que ele vinha daqui! Não sei por que, mas quando vi o sujeito disse para mim mesmo: "Ó, Bruno tem um novo cliente"... É legal, ele.

BRUNO: É verdade.

GRUBI: Conversamos um com o outro a noite inteira.

BRUNO: Joguei bilhar com ele a noite inteira.

(*Clara entra como uma tempestade. Está vestida para uma noite de gala. Em uma mão tem uma grande sombrinha e, na outra, uma espécie de caixa estranha que parece uma casa de bonecas ou uma gaiola. Na "caixa", há uma espécie de boneca. Clara parece estar muito apressada. Os dois homens olham-na, perplexos.)*

GRUBI: Clara?!

BRUNO: Não acredito!

CLARA (*furiosa*): Ah, merda... Merda! Então isto não vai parar nunca? Nunca?

BRUNO: Mas meu Deus...

(*Ela coloca a caixa sobre uma cadeira.*)

CLARA: Vou deixar essa caixa um pouco aqui. Uff... Ele acordou?

BRUNO: Quem?

CLARA: Se ele descer, digam que estou aqui. Tá bom?

BRUNO: O quê?

CLARA (*saindo*): Que eu volto já... Tá bom? (*Ela lhes manda um beijo.*) Está tudo bem, gente? Os dois estão uma gracinha. Faz um bom tempo que não nos vemos, hein?

(*Abre novamente a sombrinha e sai.*)

BRUNO: Ficou louca!

GRUBI (*olhando a boneca*): O que é isso?

BRUNO: Não sei... É um papagaio?

GRUBI: Não sei. (*Bruno encosta a "caixa" na parede e cobre-a com uma toalha de rosto. Em seguida abre a porta e tenta avistar Clara. Mas a chuva e o vento estão tão fortes que ele desiste. Dá de ombros e enche novamente os copos.*)... O que é que você disse há pouco?

BRUNO: Quando?

GRUBI: Há pouco... sobre o bilhar?

BRUNO: Nada.

GRUBI: Disse que jogou a noite inteira.

BRUNO: Ah, é...

GRUBI: Que jogou com... (*Indica o andar superior.*) Jogou ou não?

BRUNO: Jogamos. Sim.

GRUBI: A noite inteira...

BRUNO: Isso, até as quatro da matina.

GRUBI: Até as quatro da matina?! Com aquele sujeito?... Como é o nome dele?

BRUNO: Começa com "C".

GRUBI: Não, com "M": Ma... Ma... com um "X".

BRUNO: Ó, Max!... Ou talvez com "K": Mak... Ma...

GRUBI: Tem uma cicatriz no olho.

BRUNO: Tem.

GRUBI: E você disse que jogou bilhar com ele até as quatro horas da manhã?

BRUNO: Foi.

GRUBI (*riso nervoso*)**:** Tem certeza?

BRUNO: É claro que eu tenho certeza.

GRUBI: E quem ganhou?

BRUNO: Ele... mas isso não interessa: a partida foi boa.

GRUBI (*rindo muito, bebendo*)**:** Bruno... seu mentiroso!

BRUNO: Eu, mentiroso?

GRUBI (*riso nervoso*)**:** Evidente!

BRUNO: Eu?

GRUBI: Você. (*Grubi ri. Bruno encara-o, contrariado.*) Essa história do bilhar... não tem pé nem cabeça.

BRUNO: Por quê?

GRUBI: Porque já lhe disse que esse sujeito – Max, Mark, Ma... – esse sujeito com a cicatriz... esteve a noite inteira comigo.

BRUNO: Contigo?

GRUBI: É, comigo!

BRUNO: Max... Ma... Esse Mar... Esse Kam... Esse... Sam Max?

GRUBI: É, é.

BRUNO: Ele esteve com você, é isso?

GRUBI: É, esteve comigo, lá no farol... Jogamos dados.

BRUNO: Vocês jogaram dados, você e ele?

GRUBI: Jogamos dados e fumamos.

BRUNO: Esta noite?

GRUBI: É. Até as quatro horas da manhã.

BRUNO (*se cala um instante, depois explode de rir. Provocador*): Ah! Peguei você, seu grande mentiroso!

GRUBI: Você? Você me pegou?

BRUNO: Peguei direitinho, hein?

GRUBI: Você?

BRUNO: Eu.

GRUBI (*quase infantil*): Você é um babaca, Bruno. Confesse que está contando lorotas...

BRUNO: Eu, babaca? Como ousa me chamar de babaca? Você é que é um babaca! Como quer me fazer engolir que esteve no farol com... com esse Xam... esse Maxam... esse Masquê?

GRUBI: Porque eu estive!

BRUNO: E jogou dados com ele, enquanto eu, eu jogava bilhar...

GRUBI: Pois é.

BRUNO (*zombando*): Você não sabe o que está dizendo!

GRUBI: Quer apostar?

BRUNO: Aposto.

GRUBI: Onde está o sujeito?

BRUNO: Acho que ainda está dormindo. Mas vai descer logo.

GRUBI: Ótimo. Vai apostar o quê?

BRUNO: O que você quiser. Tudo!

GRUBI: Tudo... O quê?

BRUNO: Tudo.

GRUBI: Bom... Então vai perder tudo.

BRUNO: Ótimo. E você?

GRUBI: Ora... Eu também. Tudo. (*Subitamente amuado.*) Oh, meu Deus, eu devia ter ido embora...

(*Silêncio. Olham-se fixamente.*)

BRUNO: Escute, Grubi... você está pegando no meu pé?

GRUBI: De maneira alguma. Você é que está me enchendo o saco.

BRUNO (*batendo na mesa*): VOCÊ é que está me enchendo o saco.

GRUBI: Está gozando com a minha cara?

BRUNO: Está bem, vamos ver. Vamos esperar ele acordar...

GRUBI: Vamos... A que horas ele acorda?

BRUNO: Logo. Vai descer para tomar café.

GRUBI: Então faça, faça o café! Vou querer um também.

(*Bruno levanta-se e vai para trás do balcão. Abre uma torneira, lava algumas xícaras e colheres, põe a cafeteira para funcionar, abre a geladeira, tira qualquer coisa e fecha a geladeira. A velha cafeteira ronca como uma locomotiva a vapor.*)

GRUBI (*um tempo depois*): Escute, Bruno...

BRUNO: O quê?

GRUBI: Sabe o que estou pensando?

BRUNO: Hum?

GRUBI: Talvez não seja o mesmo sujeito.

BRUNO: Talvez.

(*Longo silêncio ritmado pelo glu-glu da água na cafeteira.*)

GRUBI: Há quantos anos nos conhecemos?

BRUNO: É... Faz um tempão...

GRUBI: Está vendo?

BRUNO: O quê?

GRUBI: Não estou brincando!

BRUNO: Eu também não.

GRUBI: Juro que jogamos dados a noite inteira.

BRUNO: Talvez você tenha sonhado.

GRUBI: Não, joguei com esse sujeito.

BRUNO: Pelo menos... você ganhou?

GRUBI: Não... mas gostei muito do jeito dele jogar. Não joga pra ganhar.

BRUNO: Foi ele que disse isso?

GRUBI: Foi.

(*Assobio da cafeteira.*)

BRUNO: Pra mim também, ele disse isso.

GRUBI: Exatamente o quê?

BRUNO: Que não joga pra ganhar, que joga só porque gosta de jogar.

GRUBI: Então ele nos disse mais ou menos a mesma coisa. Ele me disse também que sempre ganha, e em qualquer jogo... Contou-lhe a mesma lorota?

BRUNO: Mais ou menos a mesma.

GRUBI: Que coisa!

(*Bruno desliga a cafeteira e serve café em duas xícaras.*)

BRUNO: Tome.

GRUBI: Obrigado.

BRUNO (*bebericando ruidosamente o café*): Talvez sejam dois gêmeos.

GRUBI: Ele contou uma história que tinha umas pontes?

BRUNO (*seco*): Sim, contou a vida dele.

GRUBI: Pra mim também, ele contou...

BRUNO: Quando era pequeno, tinha medo de atravessar as pontes...

GRUBI: É, tinha medo da água... e jamais se aproximava do mar.

BRUNO: Ele mostrou fotos?

GRUBI: Dele, criança, com...

BRUNO: ... um pote cheio de moscas na mão.

GRUBI: É... Acho que é o mesmo cara.

(*Silêncio. Bebem o café olhando pela janela.*)

BRUNO: Ouça, Grubi... antes eu menti um pouquinho.

GRUBI: É mesmo?

BRUNO: Pra dizer a verdade, faz três noites que jogo bilhar com ele.

(*Clara entra com duas grandes caixas redondas sobre a cabeça. Parece excitada. Larga as caixas e sacode a sombrinha.*)

CLARA: Ah, que maluquice! (*Nota que a gaiola foi deslocada.*) Ei, quem fez isso?

BRUNO: Ouça, Clara...

CLARA (*brincando com a boneca, dando-lhe palmadinhas na bunda*)**:** Gli-gli-gli... Quer sufocá-la, ou o quê? Ele desceu?

BRUNO: Quem?

GRUBI: Quem?

CLARA: Se ele descer...

GRUBI: Você já volta... a gente sabe!

CLARA: É... (*Saindo.*) Digam que estou aqui.

BRUNO: Não quer beber alguma coisa?

CLARA: Hein?! Não, tenho primeiro que terminar o... Ah, merda, nunca tem táxi... Volto num minuto, o.k.?

(*Ela sai. Durante alguns segundos, o barulho da tempestade enche a sala. Os dois homens entreolham-se longamente.*)

GRUBI: Sabe, Bruno...

BRUNO: O quê?

GRUBI: Você não mentiu.

BRUNO: Não?

GRUBI: Não. Lá em casa, foi igual...

BRUNO: Três noites também...

GRUBI: É.

BRUNO: Então era por isso que você queria comprar cigarros...

GRUBI: É. Ele fuma como um morcego. Não queria que ficasse sem cigarros.

BRUNO: Ele fuma muito mesmo.

GRUBI: Não para de fumar.

BRUNO: Lá também ele soltava fumaça pelo nariz?

GRUBI: Isso mesmo, pelo nariz.

BRUNO (*depois de uma pausa*)**:** Ouça, será que não estamos divagando?

GRUBI: É.

BRUNO: Seria melhor deixar isso pra lá...

GRUBI: Não sei.

BRUNO: É, pode ter certeza... Isso não vai levar a nada. (*Silêncio.*)

GRUBI: Bom, acho que vou me deitar.

BRUNO: Vai embora? Está bem, vá descansar!

GRUBI: Olha, estou exausto...

BRUNO: É cansativo, o trabalho noturno.

GRUBI: E além do mais essa chuva... ela me entra até o cérebro. (*Batendo no crânio.*) Até aqui!

BRUNO: É, estou vendo...

GRUBI: Isso me mata.

BRUNO: É...

GRUBI: E você não está nem aí!

BRUNO: Ah, que é isso...

GRUBI (*batendo na própria testa*): Mas se, mas se...

(*Silêncio. Bruno se aproxima de Grubi.*)

BRUNO: Você está chorando?

GRUBI: Estou.

BRUNO: Por quê?

GRUBI: Porque você acha que eu sou um babaca.

BRUNO: Eu?

GRUBI: É, você! E além disso não acredita em uma única palavra do que eu disse...

BRUNO: Acredito, acredito em você.

GRUBI: Não, não acredita... Sempre acha que eu sou um imbecil. Quando chove, sempre fica pegando no meu pé.

BRUNO: Não é verdade, Grubi. Mesmo... você sabe... fui eu que menti.

GRUBI: Você mentiu?

BRUNO: Foi.

GRUBI (*assoando-se*): Nunca mais minta pra mim!

BRUNO: Está bem, não mentirei mais.

(*Do lado de fora, ouve-se a freada de um automóvel. Entra César.*)

CÉSAR: Olá.

BRUNO: Olá, César!

GRUBI: Olá, César!

CÉSAR: Que tempo de merda! Tudo bem?

BRUNO: Indo... Ela encontrou você?

CÉSAR: Quem?

BRUNO: Clara. Estava procurando um táxi.

CÉSAR: Ah, é? E por quê?

GRUBI: Ela está totalmente maluca. Veja! (*Abre uma caixa, tira um chapéu feminino e coloca sobre a cabeça, rindo.*) Aliás, temo que nós todos estejamos um pouco malucos.

CÉSAR: O que é que você tem, Grubi? (*Para Bruno.*) O que é que ele tem?

BRUNO: Está exausto.

CÉSAR (*sentando-se ao balcão*): Então, eu também. É um saco trabalhar de noite. (*Treme.*) Vamos, me dê uma bebida bem forte. (*Bruno serve-lhe uma bebida. César bebe.*) Apalermado... estou completamente apalermado! (*Bebe mais, estala a língua.*) Dirigi a noite inteira.

BRUNO: Com esse tempo?

CÉSAR: É.

BRUNO: Aquela banheira ainda anda?

CÉSAR: Continua firme... Pode crer.

(*Grubi repõe o chapéu na caixa e inclina-se sobre a gaiola com bonecas.*)

GRUBI: Gli-gli-gli...

CÉSAR: Meu Deus, o que é que você tem, Grubi?

GRUBI: Nada. (*Brinca com a boneca.*) Gli-gli-gli...

CÉSAR: A próxima rodada é por minha conta!

BRUNO: Ganhou na loto?

CÉSAR: Um cliente.

BRUNO: Que bom.

(*Bruno serve a bebida nos três copos.*)

CÉSAR (*bebendo*)**:** É, cai muito bem. (*Boceja.*) Uahhh! Estou destruído. Me dê outro.

BRUNO: Cuidado, vai desmaiar.

CÉSAR: E daí?

BRUNO: Vai destruir aquela lata-velha.

CÉSAR: Não mesmo. Eu não dirijo durante o dia...

GRUBI (*subitamente interessado*)**:** Como é?

CÉSAR: Eu dirijo somente à noite.

GRUBI: À noite? E quem lhe paga para dirigir à noite?

CÉSAR: Já disse. Um cliente. Um sujeito que me contratou.

GRUBI: Para a noite?

CÉSAR: É, isso mesmo. Primeiro, achei estranho. Mas o cara é legal. E paga.

GRUBI: Paga pra quê?

CÉSAR: É o jeito dele. Gosta de passear à noite.

GRUBI: Como é que ele é, esse sujeito?

CÉSAR: É... Pufff... Tem o rosto comprido.

GRUBI: Uma cicatriz em cima do olho?

CÉSAR: É.

GRUBI (*riso nervoso, para Bruno*): O que é que você acha disso, Bruno?

BRUNO (*para César*): Faz quantas noites que tem passeado com ele, de carro?

CÉSAR: Três noites.

BRUNO: Esta noite inclusive?

CÉSAR: Claro. Passeei com ele por todas as ruas. Ele adora passear à noite. De vez em quando, recolhemos um bêbado e o levamos pra casa.

GRUBI: Não é possível!

CÉSAR: O que não é possível?

GRUBI: Nada, falei por falar... sem pensar...

BRUNO: Ele disse o nome dele?

CÉSAR: Disse. (*Faz um esforço de memória.*) Mas... Pufff... esqueci. Espere, acho que começa com "M"... ou com "X": Maxi... Xami... Enfim... De qualquer maneira, é um cara bacana... E me faz companhia.

BRUNO: Nós o conhecemos.

CÉSAR: Vocês o conhecem?

GRUBI: Está aqui, lá em cima...

CÉSAR: Onde?

BRUNO: Durante o dia, ele dorme aqui... lá em cima. É meu locatário há três dias.

CÉSAR: Cuide bem dele. É cheio da grana.

GRUBI: Mostrou pra você uma foto?

CÉSAR: Uma foto?

BRUNO: Ele, com o irmão. E um pote cheio de moscas.

CÉSAR: Mostrou. Parece que traz essa foto sempre com ele.

BRUNO: Ouça, César... Disse que nesta noite andou com esse sujeito por aí?

CÉSAR: Foi. (*Bruno e Grubi explodem de rir.*) Não acreditam em mim? Vocês são uns babacas. É só perguntar para ele...

BRUNO: Pra que perguntar para ele?

CÉSAR (*espantado*)**:** Meus Deus, já estão bêbados às nove horas da manhã?! (*Tira um dinheiro do bolso.*) Bom, tenho que ir...

BRUNO (*com malícia*)**:** Durma bem, César. (*Distraído, brinca com a boneca.*) Gli-gli-gli...

CÉSAR: Bruno, quanto eu lhe devo?

BRUNO: Nada, César, é meu convidado. E durma bem, hein? Trabalhar de noite é um saco.

CÉSAR: Então até mais...

BRUNO: E o cigarro, não precisa mais?

CÉSAR: Ah, é... tinha esquecido...

BRUNO: Gauloises?

CÉSAR: É, esse mesmo.

BRUNO (*sorrindo, entrega-lhe os cigarros*)**:** Que diabo... você não fumava, César. Está fumando agora por quê?

CÉSAR (*embaraçado*)**:** Fique na sua! É pra ter comigo.

GRUBI: Ele enrolou você, também... Pegou você.

CÉSAR (*furioso*)**:** Quem me pegou?

GRUBI: Ele engrupiu você, César. Seu cliente. Esse Madox.

BRUNO: Madox, isso mesmo!

CÉSAR: Você quer dizer o quê?

BRUNO: Ele só quer dizer que esse sujeito aparece em três lugares diferentes ao mesmo tempo. (*Ri sardonicamente.*) Sabia disso?

CÉSAR: Você bateu com a cabeça ou o quê? Está delirando?

GRUBI (*debochando*): Isso mesmo, ele está meio alto...

BRUNO: Sente aí, César... sente. O seu cliente, esse Madox, nos pregou uma peça...

CÉSAR: Ele afanou alguma coisa?

BRUNO: Não, não... pior que isso.

CÉSAR: Ele ronca, é isso?

GRUBI: Ele enfia o nariz em tudo.

BRUNO: Esse sujeito... esse de quem você fala... esteve aqui a noite inteira e jogou bilhar comigo.

CÉSAR: E daí?

BRUNO: É, mas não foi só isso. A noite inteira ele também jogou dados com Grubi.

CÉSAR: Esta noite?

GRUBI (*rindo*): É, sim...

CÉSAR: Impossível... Um dos dois está mentindo.

(*Bruno e Grubi riem sardonicamente.*)

BRUNO: É, mas o que é hilário é que ninguém está mentindo.

CÉSAR: Como assim?

BRUNO: Mais ainda, esse Mix... esse Kix... achou um babaca que passeou com ele a noite inteira pela cidade...

GRUBI: Numa banheira! Gli-gli-gli...

CÉSAR: Na banheira de quem?

GRUBI: Na sua, ora essa!

(*César ri cautelosamente.*)

CÉSAR: Está gozando da minha cara ou o quê?

BRUNO: É a pura verdade. Mesmo!

GRUBI (*para César*)**:** Ele contou pra você a história da água?

BRUNO: Que ele jamais se aproxima do mar?

CÉSAR: Contou.

GRUBI: E a história da ponte, ele também contou?

CÉSAR: Que ponte?

BRUNO: A pontezinha... perto da casa dos pais dele... quando ele era pequeno... e não tinha coragem de atravessar uma ponte...

CÉSAR: Ah, sim! Ele ficava sempre se olhando no riacho... e mergulhava sempre na própria imagem... e o irmão puxava ele... e...

GRUBI: Vocês jogaram alguma coisa?

CÉSAR: Quem foi que lhe disse?

BRUNO: Vamos, conte. Jogaram o quê?

CÉSAR: Jogamos canastra.

GRUBI: E...?

CÉSAR: E o quê?

GRUBI: Você perdeu, né?

CÉSAR: Digamos que eu não ganhei.

BRUNO: Mas ele, ele certamente se desculpou...

CÉSAR: É, ele disse que nunca perde no jogo...

BRUNO: Pois ele se sentia mal e até culpado por causa disso e... Foi isso?... Estamos sabendo. Conhecemos todos os seus truques!

CÉSAR: É, foi mais ou menos isso...

GRUBI: Sacou agora?

CÉSAR: Não.

BRUNO: Mas, meu Deus, ele pegou você! Ele fez você de bobo!

CÉSAR: Não... não acredito.

BRUNO: E, além disso, fumou todos os seus cigarros...

CÉSAR: É, é verdade, ele não para de fumar.

GRUBI: E você, você teve compaixão dele. Como deixar ele sem cigarros, coitado... não é?

CÉSAR: Que é isso?... Mas o que é que vocês têm contra ele?

BRUNO: Nós? Absolutamente nada. Nada...

GRUBI: Absolutamente nada.

BRUNO: É um homem excelente.

GRUBI: Ele contou a vida dele inteira, né?

BRUNO: O que deixou você muito comovido, não foi?

CÉSAR: É, ele conta que é uma maravilha...

BRUNO: O relógio de prata, ele mostrou?

GRUBI: O relógio que toca, ele mostrou a música? Cling-cling-clang... Cling-cling-clang...

CÉSAR: Mostrou.

GRUBI: A piada do sapo, ele contou?

CÉSAR: Ha, ha, contou!

BRUNO: Ha, ha! É, pra nós também.

GRUBI: Há três noites, ele nos empurra a mesma história, para nós três.

CÉSAR: Não acredito em vocês.

BRUNO: Não acredita? Deve então perguntar pra ele.

GRUBI: O cara vai descer daqui a pouco pra tomar café.

CÉSAR: Perguntar? O quê? Eu não gosto de fazer perguntas...

GRUBI: Bom, se não gosta de fazer perguntas, tudo bem. Mas fique antenado, o sujeito pode ser perigoso.

CÉSAR: Não me fez mal nenhum.

GRUBI: Tem certeza?

BRUNO: Não está entendendo que esse indivíduo aparece em três lugares diferentes ao mesmo tempo? Ha, ha! Está achando engraçado, isso?

CÉSAR: E daí? É proibido por lei? Não existe nenhuma lei que proíba viver simultaneamente em três lugares diferentes.

(*Silêncio. Bruno reflete.*)

BRUNO: É, não existe!

GRUBI (*para Bruno*)**:** Nisso até que ele tem razão...

BRUNO: Como assim?

GRUBI: A lei não diz nada sobre isso.

CÉSAR: Está vendo? Esse sujeito não faz nada de mal...

BRUNO: Eu não acho isso. Eu acho que um sujeito que aparece assim em vários lugares é MESMO capaz de qualquer coisa... Eu acho que um indivíduo assim é MESMO um perigo para todo cidadão honesto, para o Estado... e pra todo mundo!

CÉSAR: Mas o que é que ele fez pra você?... Nada! Ele afanou alguma coisa? Ele trapaceou no bilhar?

BRUNO: Não... mas isso não prova nada. Não é honesto aparecer em três lugares ao mesmo tempo. Não é honesto fumar ao mesmo tempo em três lugares diferentes e contar nos três a mesma história... e ao mesmo tempo! Não, eu digo pra vocês que isso não é normal e que...

(*Bruno tem um acesso de tosse nervosa.*)

CÉSAR: Do que é que você está reclamando? Ele pagou as suas diárias, fez companhia pra você... Onde é que você encontraria um trouxa desses para jogar bilhar, quando todo mundo sabe que você joga tão mal?

BRUNO: Eu jogo mal?

CÉSAR: Quer jogar uma partida?

BRUNO (*após uma pausa, enxugando a testa*)**:** Ontem, eu quase ganhei... Talvez eu ganhe esta noite.

CÉSAR: Duvido. Esta noite, ele vai deixar a cidade.

BRUNO: O quê?

GRUBI: É verdade. Ele disse que vai embora esta noite. Tinha esquecido...

BRUNO: O quê? Ele vai embora?

CÉSAR (*olhar ausente*)**:** Vai.

GRUBI (*mesmo olhar*)**:** Vai.

BRUNO: Vai embora? Vai embora esta noite?... Não! Não vou deixá-lo partir. Isso não pode ficar assim... Partir pra onde?... Não, ele não vai pra nenhum lugar. Isso parece mais uma fuga.

GRUBI: É.

CÉSAR: É.

GRUBI: Ah, merda, acho que minha cabeça vai explodir!

CÉSAR: Francamente, eu lamento que ele se vá. Estava começando a me habituar com ele.

GRUBI: Eu também.

CÉSAR: É um sujeito legal. Foram maravilhosas essas últimas noites. Ele sabe conversar com os bêbados... Ele foi mesmo muito divertido. A história do jogo novo, ele falou pra vocês?

GRUBI: Jogo novo?

CÉSAR: E pra você, Bruno, ele não falou?

BRUNO (*sombrio*): Já nem me lembro.

CÉSAR: Ele bolou um novo jogo... um jogo em que ninguém perde e ninguém ganha.

BRUNO: Sei... falta dizer que ISSO não é um jogo. É uma bela merda!

(*Clara abre a porta e empurra uma mala para o interior da peça. Silêncio constrangido. Uma segunda mala é empurrada para dentro. Novo silêncio. Uma terceira mala é empurrada para dentro. Enfim, Clara entra e desmorona sobre uma das malas. Fecha sua sombrinha e olha para os outros. Os homens olham-na perplexos.*)

CLARA (*voz cavernosa*): Bom dia!

BRUNO (*abatido*): Pffff...!

(*Ela encara os três homens através dos óculos molhados.*)

CLARA: Olha! Está todo mundo aí! Mas que prazer revê-los, os três, juntos... Bom dia, César. Então estavas aí? A banheira aí em frente é a sua?

CÉSAR: É.

CLARA: Que lata-velha! Nunca encontro você quando preciso... Fazia anos que eu não saía. E hoje, quando chamei um táxi, não tinha ninguém...

CÉSAR: Hoje? A que horas?

CLARA: Hoje.

CÉSAR: Sinto muito...

CLARA: Sente o caralho! Mas ao menos poderia ter me dado um beijinho...

CÉSAR: Eu... você sabe...

CLARA: Agora, acabou. ... Acabou, bando de palermas!

CÉSAR: Mas... você sabe...

CLARA (*para Bruno*): Ele desceu?

BRUNO: Toma alguma coisa, Clara?

CLARA: Não vou recusar. Brrr... estou com frio. (*Ela bebe, depois tosse terrivelmente.*) Mas agora acabou. (*Vê que uma de suas caixas de chapéu foi aberta.*) Quem fez isso? (*Ameaçadora.*) Quem fez isso? Quem?

BRUNO: Ele!

GRUBI: Ele!

CÉSAR: Ele!

CLARA: Vocês querem que ela morra, ou o quê? (*Bruno dá-lhe um copo cheio.*) Obrigada, chuchuzinho. Obrigada... Vem cá que eu lhe dou um beijo... Gli-gli-gli... (*Comovidíssima.*) Oh, Bruno, já faz anos que você não me visita mais... (*Enxuga uma lágrima.*) Por quê?

BRUNO (*mudando de cor*): Quem? Eu?

CLARA (*com um gesto de cansaço*): Pobre idiota!... Mas acabou, agora. Acabou... Vou partir!

BRUNO (*faz um sinal para os outros de que ela está louca*): Ela vai partir.

CLARA: É, vou partir. (*Para Grubi.*) Tudo bem, Grubi? Não vai me abraçar?

GRUBI (*não se move*): É claro.

CLARA: Você não ouviu? Estou partindo.

GRUBI: Claro.

CLARA: Faz anos que você não passa mais...

GRUBI (*cortando-lhe a palavra*): É mesmo.

CLARA (*tirando um pequeno pacote, para Bruno*): Tome... é pro café da manhã...

BRUNO: Pra nós?

CLARA: O que é que você acha?! (*Ela bebe. Tosse como se seus pulmões estivessem arruinados. Olha para*

César.) E você, meu chuchuzinho? Você também nunca mais passou lá para me ver...

CÉSAR (*entediado*): Pois é, parei de trabalhar. Eu...

CLARA (*que visivelmente esqueceu que já fez a pergunta*): A banheira aí em frente é a sua?

CÉSAR: É.

CLARA: Nunca encontro você quando preciso... Nunca!... Aliás, nunca encontro ninguém quando preciso...

CÉSAR: É porque...

CLARA: Mas acabou.

CÉSAR: É.

CLARA: É, estou partindo. (*Para Bruno.*) Ele acordou?

BRUNO: Quem?

CLARA (*apontando para o pacotinho*): É para o café da manhã. É halva.

BRUNO: Halva?

GRUBI: Halva?

CÉSAR: Halva?

CLARA (*muito orgulhosa*): Pra ele.

BRUNO: Pra quem?

CLARA: Você sabe muito bem.

CÉSAR (*para Bruno*)**:** Você sabe?

BRUNO (*furioso*)**:** Não, não sei nada sobre isso.

CLARA: Tem alguém aí em cima, não tem?

BRUNO: Tem.

CLARA: Ele acordou?

BRUNO: Não.

CLARA: Eu espero, então.

(*Silêncio. Os três homens estão perplexos. Bruno serve um copo para Clara.*)

BRUNO: Mais um gole? É minha convidada...

CLARA: Como está generoso hoje. Ganhou na loteria ou o quê? Não, obrigada, já me subiu à cabeça.

BRUNO: Vamos... Só um gole.

CÉSAR: Vamos... pra esquentar um pouco.

CLARA: Só um golinho, então.

GRUBI (*para Clara*)**:** O cara aí em cima, você conhece desde quando?

CLARA: Faz três dias.

GRUBI: Ouvi dizer que ele vai partir, também. É verdade?

CLARA: É. Aliás é por isso que estou aqui. (*Ela bebe; depois, como se visse Bruno pela primeira vez.*) Você continua vivo, Bruno? Por que cargas d'água nunca mais passou lá em casa?

BRUNO (*primeiro desconcertado, depois febrilmente*): Mas não vê como está chovendo?

CLARA: Está chovendo? E daí?

GRUBI: Diga, Clara, as outras... elas estão bem?

CLARA: Estão bem, sim.

CÉSAR: Ginette... ela está bem?

CLARA: Sim, está bem.

GRUBI: E Luluche?

CLARA: Também, está bem.

CÉSAR: E Mimi?

CLARA: Está bem, está bem.

BRUNO: E Suzi?

CLARA: Está bem, bem morta.

GRUBI: E Lola?

BRUNO (*chocado*): Como é? Suzi morreu?

CLARA: Por causa de uma apendicite, morreu.

(*Silêncio. Clara bebe mais.*)

CÉSAR (*tossindo, constrangido*): Olha, Clara, se quiser... posso levá-la pra casa... se quiser...

CLARA: Mesmo?

CÉSAR: Sim. Levo você de carro.

CLARA: Que gentil. (*Ela o beija ruidosamente na face.*) Você é o único que eu amei de verdade. Mas não volto mais pra casa. Estou partindo.

BRUNO: Está partindo? Para onde?

CLARA: Estou partindo... só isso.

GRUBI: Onde?

CLARA: Não sei de nada. É ele quem sabe.

GRUBI (*para Clara*)**:** Escute... Você se lembra do nome dele, desse cara que está esperando?

CLARA: Está falando do Madox?

GRUBI: É.

CÉSAR: É isso.

BRUNO: Você o conhece?

CLARA: Sim, ele se chama... alguma coisa como Max... como Ax... como... Seja como for, ele tem uma camisa sem colarinho.

GRUBI: Uma camisa sem colarinho...

BRUNO (*para Clara*)**:** Quer tomar mais um golinho?

CÉSAR: Vamos, vai lhe fazer bem.

CLARA: Só mais um. Ah, como esquenta!

GRUBI: Então ele passou na sua casa, hein?

CLARA: Passou, sim.

BRUNO e **GRUBI:** Quando?

CLARA: Ontem à noite. E anteontem à noite.

CÉSAR: E na outra noite também, né?

CLARA: É.

GRUBI: Muito bem. E... você se divertiu muito com ele?

CLARA: Você é um porcalhão, Grubi. Um porcalhão. (*Sonhadora.*) Ele nos ensinou um jogo...

BRUNO (*irônico*): Veja só! Ele ensinou um jogo...

CLARA: Ele ficou conosco e nos ensinou um jogo novo.

CÉSAR: Um jogo novo?

CLARA: Um jogo novo.

BRUNO: Um jogo novo...

CÉSAR: E como é?

CLARA: É muito fácil. Ninguém ganha, ninguém perde.

GRUBI: Que lindo!

CÉSAR: E você ainda sabe jogar esse jogo?

CLARA: Mas é claro que eu sei. Joguei também com as meninas.

BRUNO: Você jogou também com as meninas...

GRUBI: E esta noite também, ele foi lá?

CLARA (*com uma certa voluptuosidade*)**:** Siiim!

BRUNO: E ficou lá a noite inteira?

CLARA: Siiim!

GRUBI: Ele mostrou o pote com moscas?

CLARA: Siiim!

CÉSAR: Ele fumou muito?

CLARA: Siiim!

GRUBI: E soltava fumaça pelo nariz?

CLARA: Siiim!

CÉSAR: Ele mostrou um relógio?

CLARA: Um relógio que toca?

CÉSAR: Siiim!

CLARA: Um relógio grande assim, todo de prata?

BRUNO, GRUBI e CÉSAR: Siiim!

CLARA: Grande como um saleiro?

BRUNO, GRUBI e CÉSAR: Siiim!

CLARA: Não, ele não quis mostrar. Cling-cling-clang... Cling-cling-clang...

GRUBI: Ela está gozando da nossa cara ou o quê?

BRUNO: Eu disse pra vocês que esse sujeito é perigoso.

CÉSAR: Ouça, Clara... Esse cara contou alguma coisa pra você?

CLARA: Contou.

CÉSAR e **BRUNO:** O quê?

CLARA: Não é da sua conta.

GRUBI: Vamos, Clara, por favor... Diga o que ele disse.

CLARA: Disse que tinha medo de água...

BRUNO: E o que mais?

CLARA: E que tinha medo de passar por não sei que porra de ponte.

CÉSAR: E o que mais?

CLARA: E que seu irmão se afogou em um tonel cheio de água da chuva...

BRUNO: E...

CLARA: Só! É tudo.

CÉSAR: Vamos, Clara, tente lembrar...

CLARA: Ele também nos contou sua vida... que foi absolutamente maravilhosa...

CÉSAR: E da halva? Ele disse alguma coisa?

CLARA (*apontando o pacote*): Que ele adorava comer quando era criança. As meninas compraram para o café da manhã. Para lhe dar alguma coisa antes da partida...

(*Longo silêncio perplexo.*)

BRUNO: Tem muita lábia, esse cara.

GRUBI: Ele disse pra onde queria ir?

CLARA: Disse.

BRUNO: Onde?

CÉSAR: Onde?

CLARA: Comigo.

GRUBI: O quê?

CÉSAR: O quê?

CLARA: Gli-gli-gli... Vamos partir juntos, sim...

BRUNO: Está bem... mas pra onde?

CLARA: Vamos tomar o trem noturno e partir.

BRUNO: Que trem noturno? Não passa nenhum trem noturno aqui.

CLARA: Passa, sim! Ele disse que há um trem noturno que chega aqui à noite... e que para só um minuto... e que depois continua... e que vai mais além.

CÉSAR: Clara, acorde. Aqui... esta cidade... é a estação final!

GRUBI: Mais além é o mar, entende? Não se pode ir além do mar...

CLARA: Justamente, ele disse que todo mundo acredita nisso... mas que não é verdade. Que o trem noturno existe, e que ele passa por aqui e que para... Bom, não para todos os dias, é verdade... Ele só para de vez em quando... Às vezes ele passa e nem para. Pois é, é assim. Às vezes, ele para a cada dez dias. Às vezes, para a cada três meses... ou mesmo uma vez por ano. Pois é, isso também é verdade. Foi ele que me disse... Esse trem, vocês sabem, ele tem um horário especial... Felizmente ele sabe quando o trem para e quando ele não para... E hoje, o trem vai parar... e ele me disse que hoje podemos partir... É... É o trem que chega um pouco antes da meia-noite, e que para só um minuto e que depois continua seu caminho direto para o mar... É, para o mar... Pois para esse trem, não existe estação final... Esse trem, ele tem um caminho que segue direto para as dunas de areia e para o mar... e que entra devagarzinho no mar... e que continua seu caminho... até que ele atravessa o mar... É, é assim, esse trem: ele atravessa o mar através do mar... Ele atravessa as montanhas pelas montanhas, as grandes planícies pelas grandes planícies, e os mares através dos mares... Foi ele que me disse tudo isso, e é verdade... Ele também me disse os lugares... as reservas... os bilhetes... Pois ele reservou, vejam só, ele já reservou dois lugares pra nós dois... e estão comigo! (*Tira os bilhetes.*) Estão comigo, é, estão comigo! Aqui! São os lugares 36 e 38, pois estão um na frente do outro... Aqui! Não fumantes!

GRUBI (*para si mesmo*): Não fumantes?

CLARA: São duas poltronas leito... pois ele não é rico...

CÉSAR: É o que você diz!

CLARA (*entra em uma espécie de transe*): ... E de toda maneira, uma poltrona leito não é ruim, até que é bem confortável... Veja, vamos esperar o trem, os dois juntos, antes da meia-noite, e vamos embarcar, e vamos partir... para o sul. Para o Grande Sul! Para o sol do sul... para o sul eterno... Uiii! Estamos no vagão 27... pois o trem é comprido... Ele me disse que uma vez contou os vagões e pode ser que cheguem a cem vagões... É o trem noturno mais comprido. Por isso é que tem cem vagões... Os trens noturnos, é assim... mas este é mais comprido que os outros trens noturnos... Que horas são? Acho que alguém precisa acordá-lo para que também possa se preparar. Temos uma longa viagem pela frente e ele ainda precisa comprar, também, uma ou duas coisinhas...

(*Silêncio estupefato.*)

CÉSAR (*apontando a gaiola*): E o arlequim... esse polichinelo? Vai levar com você?

CLARA: Vou, gosto muito dele e ele concordou...

(*Bruno enche os copos. Todos bebem em silêncio.*)

BRUNO (*para Grubi e para César*): O que é que disse? Vejam só, o nosso homem... não podemos deixá-lo escapar. Temos que pôr as mãos em cima dele.

GRUBI: É bom de bico, esse cara.

CÉSAR: Ele é um encanto, esse comedor de halva.

CLARA (*sobressaltando-se*): O quê? Não toquem nela! A halva é pra ele.

GRUBI: O que eu lamento... é que fiquei ouvindo... e contei pra ele, eu também, um monte de coisas...

BRUNO: Ele fez você falar um monte, não é?

GRUBI: Não mais do que a você.

BRUNO: Eu mais escutei do que falei...

CÉSAR: Não acredito.

BRUNO: Não acredita?

CÉSAR: O cara não é tão tagarela assim... Pensando bem, ele nunca disse mais do que dez palavras por noite.

GRUBI: Hum... é. Eu também, acho que falei mais do que ele.

BRUNO: Que canalha!

GRUBI: E eu?... Como é que eu pude ser tão babaca...

BRUNO: De qualquer forma, não acho que você tenha grandes coisas pra contar...

GRUBI: Coisas grandes ou não, o fato é que eu contei tudo.

CÉSAR: É típico dele... Finge que fala mas na verdade fica só na escuta...

CLARA: Ele é legal... fora quando aparece em vários lugares ao mesmo tempo.

BRUNO (*interessado*)**:** Ele reconheceu isso?

CLARA: Foi... e pediu desculpas.

BRUNO: Ele disse francamente que aparecia em vários lugares ao mesmo tempo?... Ele mesmo disse? Ele confessou?

CLARA: Foi, ele nos disse... e disse que não devemos recriminá-lo por isso.

GRUBI: Ele é maluco, totalmente maluco! É doido varrido! Temos mesmo que pôr as mãos nele.

CÉSAR: Posso ainda tomar um trago, Bruno?

BRUNO: Vou buscá-lo!

GRUBI: Melhor era ter acabado com isso logo de início.

CÉSAR: Mas veja, não é fácil trazer um homem que vive em vários lugares ao mesmo tempo.

BRUNO: Pois é o que vou fazer! Eu detesto ser enrolado. Já vi muitas coisas, e não é a primeira vez que encontro um sujeito desse tipo... Sei muito bem o que se deve fazer com esses tipos!

(*Um caminhão estaciona na frente do café. Barulho de latas de lixo arrastadas pela calçada, esvaziadas, reviradas... A voz do lixeiro que grita várias vezes "merda". Bruno sai para a frente do café.*)

BRUNO (*do lado de fora*): Njiami!

O LIXEIRO (*com forte sotaque*): Sim, sinhôr Bruno.

BRUNO: Venha aquecer-se um pouco.

O LIXEIRO: Sim, sinhôr Bruno. (*Entrando.*) Ah, merda, esse vento filho da puta me virou todas as latas! Sinhôrs, sinhôras...

CLARA: Bom dia, Njiami.

O LIXEIRO: Sinhôra...

CLARA: Vou partir.

O LIXEIRO: Perdão?

BRUNO (*oferecendo um copo ao lixeiro*): Beba um pouco!

O LIXEIRO: Mas...

BRUNO: Vamos, é meu convidado... Sente aí.

O LIXEIRO: Sim, mas...

BRUNO: Disse para sentar!

O LIXEIRO: Sim, sinhôr Bruno.

GRUBI: Vamos, beba!

O LIXEIRO: Num trago só?

BRUNO: É.

(*O lixeiro bebe.*)

CÉSAR (*estendendo-lhe um maço de cigarros*): Ó, pegue um.

(*O lixeiro pega um cigarro. César acende o cigarro.*)

BRUNO: Onde passou a noite?

O LIXEIRO: No porto...

BRUNO: E a noite passada?

O LIXEIRO: Também no porto...

CÉSAR: Tem certeza?

O LIXEIRO: Tenho.

GRUBI: Vamos, beba!

CLARA (*aérea*): Gli-gli-gli... Conte tudo! Senão a gente te quebra a cara... Gli-gli-gli...

O LIXEIRO (*aparvalhado*): Perdão?

CÉSAR: Com quem é que você estava?

O LIXEIRO: Com Madox.

GRUBI: Quem?!

O LIXEIRO: Madox!

BRUNO: Como é que ele é, esse cara?

O LIXEIRO: Bah, ele é... como todo mundo...

CÉSAR: Cigarros, ele tinha?

O LIXEIRO: Não. Eu é que tinha.

GRUBI: O que é que vocês jogaram?

O LIXEIRO: Jogamos pôquer.

BRUNO: Em dois?

O LIXEIRO: É.

BRUNO: A dinheiro?

O LIXEIRO: Não, a nada.

GRUBI: E quem ganhou?

O LIXEIRO: Ele.

CÉSAR: Ele tinha um relógio?

O LIXEIRO: Tinha, tinha um.

BRUNO: Que tocava?

O LIXEIRO: É, tocava bonito pra caramba. Tocava assim... Cling-cling-clang... Cling-cling-clang...

CLARA (*ao mesmo tempo*): Cling-cling-clang... Eu conheço.

O LIXEIRO: Perdão?

BRUNO (*para Clara*)**:** Chega!

CÉSAR: Psiu!...

CLARA: Oh, Njiami, como você canta bem... (*Em voz baixa.*) Vou partir, sabe? (*Batendo-lhe suavemente sob o queixo.*) Gli-gli-gli...

GRUBI (*para o lixeiro*)**:** Ele contou uma história com água?

O LIXEIRO: É, ele contou.

BRUNO: A que horas ele deixou você?

O LIXEIRO: Lá pelas quatro da matina.

BRUNO: Ah, certo!

CÉSAR: Sabe que esse sujeito aparece em vários lugares ao mesmo tempo?

O LIXEIRO: Sei.

GRUBI: Como é que você sabe?

O LIXEIRO: É porque... Nós tava jogando pôquer...

BRUNO: Então?

O LIXEIRO: E ele passou na nossa frente. Eu vi ele.

CÉSAR: Esta é a melhor!

CLARA (*que se diverte, embora mostrando sinais de cansaço*)**:** Normal.

GRUBI: Mas fale, meu Deus! Como isso?

O LIXEIRO: Bom, é que... nós jogamos o tempo que nós jogamos e depois... enchemos a cara um pouquinho...

BRUNO: Vocês tinham cachaça?

O LIXEIRO: Ele tinha a cachaça dele.

GRUBI: E depois?

O LIXEIRO: Nós tava tão bêbado que não parava em pé.

GRUBI: E então?

O LIXEIRO: Um carro passou... parou... e ele, ele estava com o sinhôr César no carro...

CÉSAR: Tem certeza de que viu tudo isso desse jeito?... Tem certeza de que não era por causa da cachaça?

BRUNO (*para César*)**:** Está ouvindo, raposa velha? Está ouvindo?

CLARA (*meio adormecida*)**:** Ha, ha, adoro isso!

GRUBI: E daí?... E daí?

O LIXEIRO: Ele, o cara, desceu e nos botou pra dentro, os dois, no banco de trás...

BRUNO: Os dois quem?

O LIXEIRO: Primeiro eu... depois ele, o tal.

BRUNO: Ele... com ele atrás?

O LIXEIRO: É.

GRUBI: E deixou vocês onde?

O LIXEIRO: Primeiro... ele deixou ele mesmo no Sinhôr Bruno. Depois... me levou pra minha casa.

BRUNO: E você, o que é que disse?

O LIXEIRO: O que é que eu podia dizer...?

BRUNO: Está ouvindo, César?... E você, não disse nada?

CÉSAR: O que é que eu podia dizer?

CLARA: O que é que ele podia dizer? É normal... Ha! Ha! Adoro isso!

BRUNO (*para César*)**:** Você não viu que ele era dois?

CÉSAR: É claro.

BRUNO: E não disse nada.

CÉSAR: Bom... não era da minha conta.

O LIXEIRO: Ele até me ajudou a juntar as latas...

BRUNO (*para César*): Então, você sabia, você sabia de tudo...

CÉSAR: É, eu sabia.

CLARA: Toda a cidade sabe.

O LIXEIRO: É, toda a cidade sabe.

GRUBI: Toda a cidade sabe o quê?

O LIXEIRO: Que seguido ele aparece em vários lugares ao mesmo tempo...

BRUNO: Que cidade? Como é que ela sabe, a cidade?

CLARA: Você é um completo idiota, meu pobre Bruno.

O LIXEIRO: Mas é verdade. Todo mundo sabe... até as putas... ô... Perdão, minha sinhôra!

CÉSAR: Você também, Bruno... Você também sabe muito bem...

BRUNO: Eu? Sei o quê?... Eu?

CLARA (*aérea*)**:** É, é, é... você sabe!

CÉSAR: Aposto mil contra um que ele não paga nenhuma diária.

BRUNO: Então, Grubi... vamos apostar juntos com ele? Duas vezes "tudo" contra... (*Para César.*) Aposta quanto?

CÉSAR: Quanto você aposta? Ele não paga diária nenhuma.

BRUNO: De onde você tirou isso?

CÉSAR: Você o hospeda porque vive entediado... É por isso que o mantém aqui.

BRUNO (*furioso*)**:** Não é verdade!

GRUBI: Olha... Para de nos fazer de babacas.

BRUNO: Não é verdade!

CLARA: Não grite! Vai acordá-lo.

BRUNO: Um monte de lixo vocês são! Todos!... Todos... É culpa de vocês que esse cara ande o tempo todo por mil lugares ao mesmo tempo!... E você, César, não venha me dizer que ele pagou as corridas.

CÉSAR: O quê?

BRUNO: Mente como o diabo. Não tem nenhum cliente. Nenhum!... O cara não lhe deu um tostão. Passeia com ele porque não tem merda nenhuma pra fazer o dia inteiro e a noite inteira. Há dez anos que não tem um único cliente.

CÉSAR: Olha quem fala!... Como se você, nesses últimos anos, tivesse hospedado alguém na sua baiuca.

BRUNO: O quê? Tive clientes todas as semanas.

CÉSAR: Todas as semanas... o caralho!

BRUNO: Quebro a sua cara se continuar insistindo!

CLARA (*subitamente desperta e excitada*)**:** Ha, ha, adoro isso! Bate nele! Bate nele! Bate nele!

GRUBI: Shhh! (*Clara cala-se e cochila de novo. Silêncio. Ressoam passos no andar de cima.*) Ele acordou!

CLARA (*fascinada*): É ele! É ele! É ele!

GRUBI (*num frisson*): É ele?

CLARA: É ele! (*Para Bruno.*) Não é que é ele?

BRUNO: É, é ele. Está fazendo as malas...

CÉSAR: E se pedíssemos que fique mais um dia?

CLARA: Ah, não! Já temos lugar reservado. Temos que nos mandar... Não, mesmo, é impossível...

O LIXEIRO: É, é verdade. Ele disse que queria viajar para o norte...

CLARA (*saindo de súbito de seu torpor*): Como assim, para o norte?

O LIXEIRO: É, ele disse que queria viajar para o norte, com o trem do norte... que vai para o norte... e que passa pelo norte... para recuperar o tonel onde o irmão se afogou.

BRUNO: Um saltimbanco, um charlatão descarado... Temos que pô-lo no seu lugar.

GRUBI: Acha mesmo que ele é um charlatão?

BRUNO: Enganou a nós todos. Levou todos nós na conversa.

CLARA: E os lugares? São dois lugares reservados... de verdade...

BRUNO: Mas, Clara... você não está percebendo. O cara zombou de todos nós, meteu-se na nossa vida...

CLARA (*em um outro mundo*): Que vida? Fazia muito tempo que eu não me sentia tão bem...

CÉSAR: Eu também!

BRUNO: Não! Não, isso não vai ficar assim...

CÉSAR: E se fechássemos ele no porão?

GRUBI: Pra quê? Vamos é jogá-lo pela janela...

BRUNO: Eu quero é torcer o pescoço dele.

O LIXEIRO (*embriagado por sua própria proposta*): Ele dizia que queria ir pro norte, com o trem do norte, que vai pro norte... pois eu acho que ele queria absolutamente ver o norte... pois ele me perguntou pra onde ficava o norte e eu lhe disse que o norte ficava pra lá... É pra lá, o norte, não é?

CÉSAR: Não, é pra lá.

O LIXEIRO: Dizia que queria reencontrar a qualquer preço o maldito tonel... pra ver se conseguia salvar ainda alguma coisa do seu irmão...

CLARA (*choramingando*): O norte, o norte, nunca ele me falou do norte, ele me falou de uma outra coisa...

O LIXEIRO: Disse que conhecia um novo jogo e que ninguém devia saber dele por enquanto... e que certamente ele voltaria depois de alguns anos pois há muita gente que gostaria de jogar o jogo mas que ainda não tem clareza nas suas cabeças...

CLARA: Mas o norte, não estava previsto, o norte... Como assim, pro norte? Com quem? Quando?... Mas isso não é justo...

BRUNO: Eu acho que ele não voltará jamais.

GRUBI: Ele vai fugir deste buraco como se fosse a peste.

BRUNO: Então, meu bom Deus... o que vamos fazer?

CLARA: Ele vai escapar. Bruno, faça alguma coisa!

CÉSAR: É, não podemos deixá-lo partir.

BRUNO: É isto! É melhor matá-lo que deixá-lo partir.

CLARA: De qualquer maneira, não pro norte... não pro norte!

BRUNO (*sorriso vingativo*): Ha! Ele vai ter que pagar. Temos que nos atirar todos sobre ele ao mesmo tempo...

GRUBI: Temos que encurralar ele...

O LIXEIRO: Eu mesmo não sei... Verdade, eu não sei...

BRUNO: Silêncio... É agora ou nunca! E devagarzinho, certo? Devagarzinho...

GRUBI: É, devagarzinho, nunca se sabe...

(*Cada um pega uma arma. Bruno tira de uma gaveta um velho revólver. Grubi tira do bolso um canivete. César pega uma garrafa vazia. O lixeiro mune-se com um tamborete. Clara pega um taco de bilhar.*)

BRUNO: Estão prontos?

GRUBI: Sim.

CÉSAR: Sim.

CLARA: Sim.

O LIXEIRO: Sim.

BRUNO: Fiquem atrás de mim.

GRUBI: Devagarzinho...

BRUNO: É agora... Se ele escapar, estamos ferrados!

CLARA: Mas...

TODOS: Shhh!

(*Clara se cala. Eles sobem. A escada range terrivelmente.*)

BRUNO: Tem que ser rápido... Estão prontos?

GRUBI: Sim.

CÉSAR: Sim.

CLARA: Sim.

O LIXEIRO: Sim.

CLARA: Mas...

TODOS: Shhh...

(*Clara se cala. Continuam a subir.*)

CLARA: Rápido... mas não quero que o matem.

BRUNO: Merda, cale a boca! Silêncio! Temos que encurralar ele, vamos empurrar a porta, todos ao mesmo tempo, e vamos...

TODOS exceto **CLARA:** ... Encurralar ele! (*) [ver página 63 para um outro final proposto pelo autor]

GRUBI: Esquisito... Tenho a impressão de que não está sozinho...

BRUNO: É agora... Se ele escapar, estamos ferrados!

GRUBI: Psiu! Merda, ele está com alguém.

CÉSAR: Como assim?

GRUBI: Ouça... Ele vai contar alguma coisa...

(*Do alto da escada vêm um ruído surdo, palavras confusas, risos, exclamações.*)

BRUNO: Incrível! São muitos.

O LIXEIRO: Mas não é a voz dele...

CLARA: O que aconteceu? Estou com medo.

O LIXEIRO: Tenho a impressão de que reconheço essa voz.

GRUBI: Qual?

BRUNO: Shhh! Esperem, vou espiar.

(*Olha pelo buraco da fechadura.*)

CLARA: Não se faz isso...

O LIXEIRO: Essa é a voz do sinhôr César, estou reconhecendo...

CÉSAR: O quê?

BRUNO: Ele tem razão, César. Você está lá com...

CÉSAR: O quê?

BRUNO: Você está lá, no quarto, com... Merda, e eu também, aliás...

CÉSAR: Enlouqueceu ou o quê?... E ele? Está aí?

BRUNO: Não, não está. Mas nós, nós todos estamos.

CLARA: Eu também? Estou aí também?

BRUNO: Está.

O LIXEIRO: Ouçam! Essa é a minha voz, não é?

GRUBI: Não é verdade! Não, não pode ser verdade! Deixe eu olhar.

BRUNO: Olhe. Estamos todos aí e estamos jogando dados.

CLARA: Dados? E quem está ganhando?

(*Do outro lado, os jogadores de dados tornam-se cada vez mais barulhentos e alegres.*)

Fim

OUTRO FIM

Outro final proposto pelo autor a partir de (*) – página 59

Sobem a escada. A escada range terrivelmente. De vez em quando, param para escutar. Estão todos um pouco inclinados para a frente, tensos mas decididos. Abre-se a porta.

Pela porta aberta, sai, como de um espelho, uma outra fila de personagens, personagens que começam a descer a escada: um outro Bruno, um outro Grubi, um outro César, uma outra Clara, um outro lixeiro.

Esses "alter egos" estão também armados, tensos e decididos. As duas filas de personagens não se veem. Passam uma ao lado da outra sem se ver, sem se tocar, como se pertencessem a dois universos paralelos.

Dados Internacionais de Catalogação na Publicação (CIP)
(Câmara Brasileira do Livro, SP, Brasil)

Visniec, Matéi
 Três noites com Madox / Matéi Visniec; tradução Roberto Mallet. – São Paulo: É Realizações, 2012. – (Biblioteca teatral - Coleção dramaturgia)

 Título original: Trois nuits avec madox
 ISBN 978-85-8033-101-1

 1. Teatro francês (Escritores romenos) I. Título. II. Série.

12-09485   CDD-842

Índices para catálogo sistemático:
1. Teatro : Literatura francesa   842

Este livro foi impresso pela Gráfica Vida & Consciência para É Realizações, em julho de 2012. Os tipos usados são da família Sabon LT Std e Helvética Neue. O papel do miolo é alta alvura 150g, e o da capa, cartão supremo 250g.